지금 이 순간, 사랑

윤재경 시집

QR코드
활용 가이드

각 시의 말미에 QR코드가 첨부되어 있습니다. 스마트폰 카메라를 열고 **[블로그 바로가기]** 또는 **[유튜브 바로가기]** QR코드를 스캔해 보세요.
시와 관련된 해설, 낭독 영상, 배경 이야기를 블로그와 유튜브에서 바로 만나보실 수 있습니다. 더 깊이 있는 감상과 다양한 이야기를 QR코드를 통해 쉽게 확인해보세요.

 시인의 말

하루의 시작과 끝, 커피 한 잔이 곁에 있듯

당신의 마음 한켠을 따뜻하게 데워주길 바랍니다.

사랑과 위로, 평범한 일상 속에서 피어나는

소중한 순간을 담았습니다.

사랑했던 시간들과 그리운 마음,

그리고 말로 다 전하지 못한

따뜻한 위로의 기록입니다.

당신의 하루에 이 작은 문장이 머물 수 있다면

그걸로 저는 참 고맙고 충분합니다.

› 시가 된 마음, 노래가 된 이야기 ‹

'커피와 사랑' 영상을 만들다 보면 시간 가는 줄 모르고 몰입하게 되고, 그 시간이 정말 행복한 시간입니다. 아마도 영상 제작을 좋아하셨던 아버지의 영향이 아닐지 생각합니다. 컴퓨터 작업을 즐기셨던 부모님의 기질이 제게도 자연스럽게 이어진 것 같습니다.

이 채널을 운영하는 이유는 단순한 취미가 아니라, 딸에게 엄마의 삶과 마음을 고스란히 전해주고 싶기 때문입니다. 가끔은 손녀의 사진도 넣습니다. 훗날 손녀딸이 자라서 자신의 어린 시절을 떠올리며, 할머니의 모습도 함께 기억할 수 있도록, 작은 기록이지만 소중한 가족의 유산이 되기를 바라는 마음입니다.

그러던 어느 날, 영상 댓글에 "이 시가 노래로 나오면 참 좋겠다"라는 글을 보고 큰 용기를 얻었습니다. '그래, 이 시를 노래로 만들어 딸에게 선물하자.' 딸이 노래방에서 엄마가 만든 시가 담긴 노래를 부를 수 있다면, "그 순간만큼은 엄마를 떠올리며 따뜻한 위로와 감동을 느끼지 않을까?" 하는 바람으로 노래 제작에 도전하게 되었습니다.

노래를 만드는 과정에서 깨달은 것은, 이것이 단지 나만을 위한 작업이 아니라 누군가에게 꿈과 희망을 전할 수 있는 작은 시작이자 의미 있는 일이라는 점입니다. 현재 20곡 발표를 준비 중이며, 앞으로도 좋은 일에 마음을 보태며 따뜻한 메시지를 담은 작업을 꾸준히 이어가고자 합니다.

목차

Chapter.1 커피향이 스며든 순간

기분이 좋아	10
커피와 사랑	12
당신은 커피를 무척 좋아하나요?	14
느낌이 중요해	16
오직 사랑뿐	18
비엔나커피와 거품키스 그리고 사랑	19
커피와 사랑의 공통점	20
사랑 커피	21
당신은 커피를 뭐라고 할까요?	22
커피여 사랑이여	24
커피와 사랑의 신비	26
당신과 가을커피	28
추억 속의 DJ다방커피	30
당신과의 만남은 마치 커피처럼	31
커피와 당신	32
커피 속에 빠져버린 사랑	34
커피를 마시며 사랑을 그리며	36
사랑과 커피의 기적	38

Chapter.2 사랑으로 물든 순간

무지개 사랑	42
우린 정말 하나에요	43
파라다이스 사랑 자전거	44
봄비와 커피 그리고 당신	45
사랑하기 좋을 때	46
당신이니까요	48
나에게 짜릿한 사랑이 찾아왔을 때	50
사랑에서 참사랑으로	52
평범함 속의 특별한 사랑	54
이 순간 나의 사랑	56
태초의 사랑	57
모두 당신 거예요	58
제로슈거 사랑	60
사랑은 이렇게 저렇게	62
진짜 사랑	64
말할까 말까	66
남자의 사랑이란	68
무지무지 사랑해	70
쏙 들어온 당신	72
첫사랑	74

Chapter.3 마음이 쉬어가는 순간

백세시대 후반전	78
행복한 삶	79
머리에서 가슴으로	80
참지말고 울어요	81
지혜의 말씀	82
아버지의 말씀	84
누구나 힘들 때가 있지요	86
눈물 속의 고마움	88
그리운 나의 아버지	89
지금 이순간의 언어 감탄사	90
천천히 좀 더 천천히	91
좋은 사람 행복한 인생	92
먼저 웃어봐	94
힘이 납니다	96
혼술 그리고 우리	98
이게 바뀌니까 온 세상이 바뀌네요	100
빛나는 오늘	102
거울 속의 나의 마음	104
마음의 힘 모티베이션	106
하면 됩니다	108

한 걸음씩 한 걸음씩	110
눈물 펑펑 깨달았어요	112
별들 날	114
세월이 간다는 것은	116

Epiloge 언젠가 이 순간을 기억하길

엄마가 사랑하는 딸에게 쓰는 편지 그리고 유산	120
무명 가수를 후원하게 된 계기	124
시와 노래 사이 - 감사의 마음	126

Chapter. 1

커피 향이 스며든 순간

기분이 좋아

기분이 좋아
달달한 커피 한 잔 마시고 나니
기분이 좋아 기분이 좋아

내 인생 달콤하라고 나의 마음 위로해 주네

꽃은 피고 지고 나도 피고 지고
친구도 피고 지고 세상도 피고 지네

저 강물이 흐르는 대로 그렇게 흐르듯이

나는 바람처럼 여행할 거야
아무것도 없는 텅 빈 바람이 될 거야

막걸리 큰 잔으로 마시고 나니
기분이 좋아 기분이 좋아

내 일들 잘 될 거라고
나의 마음 위로해 주네

꽃은 피고 지고 나도 피고 지고
친구도 피고 지고 세상도 피고 지네

저 강물이 흐르는 대로 그렇게 흐르듯이
나는 바람처럼 여행할 거야

걸림 없이 평화로운 바람이 될 거야
그래 그래 그래 바로 이거
마음 마음 마음이 모든 거라네

블로그 바로가기

유튜브 바로가기

커피와 사랑

돈이면 다 된다는 세상은
사랑의 빛이 꺼진 무덤이다

사랑이 없는 사람은
영혼이 빠져나간 죽은 사람이다

돈만 있고 사랑이 없는 사람은
어찌 보면 세상에서 가장 불쌍한 사람이다

누군가가 말했지
시계는 돈을 주고 살 수 있지만
시간은 돈을 주고 살 수 없고

보약은 돈을 주고 살 수 있지만
건강은 돈을 주고 살 수 없다

화려한 저택도 돈을 주고 살 수 있겠지만
화목한 가정은 결코 돈으로 살 수 없다

사랑하는 당신이여
우리에게 진정한 행복이란 무엇일까?

오늘의 행복은
당신과 함께하는 커피 한 잔의 즐거움

블로그 바로가기　　　　　유튜브 바로가기

당신은 커피를 무척 좋아하나요?

예쁜 새싹들이 파릇한 카페테라스에서 그를 만났고
그는 커피 잔을 보며 수줍은 미소를 지었지요

뜨거운 커피 잔에 그의 입술이 닿는 순간
짜릿한 전기에 닿은 것처럼 그이는 어쩔 줄 몰랐지요

커피를 식히던 그이의 입모양은
커피의 향내와 함께 영화배우의 멋진 키스 같았어요

나도 처음 만남이라 무슨 말을 어떻게 해야 할지 몰라
커피만 마시고 또 마셨지요

고요함의 어색함을 깨우면서 그는 나에게 말했어요
여기 커피향이 정말 좋네요 그렇죠?

나와 눈이 맞추어지면서
미소를 지으며 솥뚜껑 같은 큰 두 손으로
커피 잔을 감싸면서 고개를 끄덕였어요

왠지 점점 끌어당기는 그이의 매력이 느껴지면서
나는 더 용기를 내서 그이에게 물었지요

당신은 커피를 무척 좋아하나요?

그러자 그는 활짝 웃으며 차분하게 대답했지요
그럼요 그렇고말고요

그리고 대지를 뚫고 세상으로 힘껏 솟아 나오듯
그는 용감하게 나에게 성큼 다가왔어요

그의 멋진 향내가 물씬 느껴졌고
마치 아지랑이처럼 마음이 황홀하게 아른거려졌어요

그리고 그 순간
귓속말로 나에게 이렇게 말해주었지요

저는 커피를 정말 사랑하는 당신을,
무척이나 사랑하는 당신의 봄입니다

블로그 바로가기

유튜브 바로가기

느낌이 중요해

커피는 생각이 아니라 느낌
생각은 바깥으로 흩어지지만
느낌은 나의 속으로 하나가 되어버리죠

사랑도 생각이 아니라 느낌
생각하는 동안은 너와 내가 따로 있지만
오직 느낌을 통해 둘이 하나가 되어버리죠

지금 이 순간 사랑이 느껴지나요?
생각하지 말고 느껴보아요

커피의 그윽한 향기를 눈으로는 볼 수 없지만
생생하게 느껴지듯이 우리의 사랑도 마찬가지죠

사랑을 느껴보아요
우리에게 이별은 없을 거예요

왜냐고요?
언제나 그 느낌이 우리 마음속에 살아있으니까요

만약에 나이가 들어 모든 기억이 사라질지라도
당신과 나의 진한 사랑의 느낌은 사라지지 않을 거예요

나는 지금 사랑하고 있어요
그대를 온몸과 마음으로 느끼고 있어요

나와 당신이라는 이름을 붙일 겨를도 없이
오직 하나임이 느껴져요

커피 한 모금 하며 고요히 고백해 봅니다
커피야 사랑해

블로그 바로가기

유튜브 바로가기

오직 사랑뿐

커피 향기
이런저런 생각들은 모두 사라져버리고
온전히 지금 여기에 내가 있음을 느낍니다

커피는 입안을 적시고 심장을 적시며
고요하고 밝게 깨어나게 합니다

입으로 마시고 마음을 열게 하는 커피
그래서 커피는 사랑입니다

오늘의 커피는 뜨겁습니다
그리고 달콤합니다

온몸으로 느껴집니다
당신이 느껴집니다

당신이 커피고
커피가 바로 당신입니다

당신은 지금 나와 함께 있습니다
나와 커피와 당신
지금 이 순간 모든 게 하나입니다

가슴으로 고백합니다
오직 사랑뿐 정말 깊이 사랑합니다

블로그 바로가기

유튜브 바로가기

비엔나커피와 거품키스 그리고 사랑

커피는 사랑이에요
비엔나커피를 마시는 건 키스와 닮았지요

커피잔으로 조용히 향하는 모아진 입술
입술에 닿아지는 크림은 짜릿하게 달달하고
넘어오는 커피는 따뜻하고 깊은 진한 맛입니다

비엔나 커피는 마치 인생 사랑 이야기처럼
달달함과 씁쓸함을 동시에 느끼게 하지요

거울에 비쳐진 입에 살짝 묻은 하얀 크림
갑자기 가슴이 두근거립니다

블로그 바로가기

갑자기 거품키스가 생각나버렸거든요
실은 아직 한번도 못해봤는데
비엔나 커피가 요술처럼
저를 영화 속으로 데려가네요

유튜브 바로가기

나도 거품키스 정말 해보고 싶어
누구와 할지 정말 궁금해
정말 나도 거품키스 하고 싶어

커피와 사랑의 공통점

커피와 사랑은
한 번에 마시는 게 아니라
부드럽게 음미하는 것

커피와 사랑은
있으면 좋은 것이 아니라
꼭 있어야 하는 것

커피와 사랑은
집착과 소유가 아니라
하나가 되는 것

블로그 바로가기

커피와 사랑은
지나치지도 않아야 하고
부족하지도 않아야 하는 것

커피와 사랑은
오감을 잠 깨우고
마음을 활짝 열게 하는 것

유튜브 바로가기

그래서 커피는 사랑이다

사랑 커피

깊이 깊이 깊이 빠져든다
끝을 모를 그대의 매력에

진하게 진하게 진하게 느껴진다
싱그러운 향내 가득한 그대의 존재에

어떤 화려한 꾸밈도 필요 없이
본연의 있는 그대로 최고다

사랑이란 소유하는 것이 아니라 하나가 되는 것
나를 깨어나게 하고 살아 움직이게 하는
사랑하는 그대여

지금 이 순간 나는 없고
우리만 있다는 느낌이 든다
그렇다 참된 사랑은
둘이 아닌 하나다 온전히 하나다

오늘은 왠지 마음속에 사랑이 가득한 느낌이다

진짜 사랑이 가득할 때는
내가 없어지는 느낌이다
마치 우주와 하나가 된 것 같이

당신은 커피를 뭐라고 할까요?

커피는 선생님입니다
왜냐하면요 멍한 졸음을 쓸어 담고
맑게 깨어있게 하니까요

커피는 마술사입니다
왜냐하면요 어색한 분위기를 즐거운 수다로
변화시키니까요

커피는 보약입니다
왜냐하면요 지친 마음과 노곤한 몸속에
에너지를 넣어주니까요

커피는 어머니입니다
왜냐하면요 언제나 그립고 생각나니까요

블로그 바로가기

커피는 사랑입니다 왜냐하면요
외로운 싱글을 행복한 함께로 이어주니까요

당신이라면 커피를 뭐라 하시겠어요?
저는 지금 제 옆의 커피를 바라보며
문득 이렇게 말하고 싶어요

유튜브 바로가기

커피는 바로 당신이라고

커피여 사랑이여

사랑에 커피가 있어 너무 좋다
무료한 영혼의 짜릿한 키스
입안에 맴도는 사랑의 춤
그리고 내 가슴에 물결치는 부드러운 포옹

커피에 사랑이 있어 너무 좋다
늘 같은 것 같아도 언제나 새롭다
그래서 커피는 마법의 묘약이다

나는 오늘도 커피와 사랑에 빠진다

찻잔에 입술 짜릿하고 좋다
커피는 나와 함께하는 사랑의 징표다

당신은 나의 바리스타
오늘의 커피는 진한 사랑의 향미를 담고
나는 지금 내가 있는지 없는지도 모르게
모든 방향으로 활짝 열려 있다

은은한 눈빛 사랑스러운 미소
커피 한 모금에 더없이 충만한 행복
오고 가는 하나의 마음 우리만의 사랑의 교향곡

이보다 더 좋을 수 없는
완벽한 향연에 사랑이 있다
그리고 커피가 있다

커피여 사랑이여

블로그 바로가기

유튜브 바로가기

커피와 사랑의 신비

내가 커피를 마신다는 것은
입속의 달달한 그 맛
공간을 아늑히 채우는 그 향내
그런 것뿐이 아닙니다

내가 커피를 마신다는 것은
한 모금 한 모금의 그리움을 삼키며
당신과 떨어진 하루하루의 고통을 견디며
매일 일렁이는 가슴속의 파도를 이겨나가는 것입니다

당신이 언제 오실까 간절히 기다리는 나에게
커피는 진한 힘과 위안을 주고
나로 하여금 사랑을 향해 깨어있게 합니다

꿈속에서도 놀랍고 신비하여라
오늘의 커피는 맛과 향내가 분리되지 않고
보이고 들리는 모든 것들이 그대로 아름답습니다

이쪽으로 가도 여기 저쪽으로 가도 여기입니다
어디서나 여기가 되고 여기엔 오직 당신뿐입니다

당신과 마주할 그날을 손꼽으며
오늘도 간절함으로 커피 잔 앞에 앉았습니다

아무런 생각도 없이 커피의 이름마저 아련해지면서
아마 그날 우리의 커피 맛은
간절한 쓴맛도 희망의 단 맛도 모르고
당신을 만나는 환희의 날이 곧 다가올 것입니다

오직 당신과 나는 한 쌍으로 포옹할 것입니다
그날은 우리가 있다는 생각마저 잊어버릴 정도로
티 없이 맑디맑은 오직 한 사랑으로 충만할 것입니다

그날이여 그날이여 언제가 그날일까요?
바로 지금 지금 이 순간이 그날이었군요

이제야 알겠습니다
우리에겐 언제나 지금 이 순간뿐이며
이 순간 이외에선 절대 존재할 수 없음을

그리고 우리는 둘이 아니라 사랑으로 하나라는 것을
사랑하는 당신, 커피 한잔할까요?

블로그 바로가기

유튜브 바로가기

당신과 가을커피

가을은 황금빛 그림자로 고개를 숙입니다
보이는 풍요와 보이지 않는 결핍이 섞여
우리를 커피 앞에 앉게 합니다

한가위 달처럼 이보다 더 좋을 수 없는 충만
그리고 떨어지는 잎들의 슬픈 이야기와 철학 향연

오색 아름다운 계절 속에
내 마음의 빛은 스펙트럼으로 흔들립니다

뚝뚝 떨어지는 가을에 물씬 물든 나의 가슴이
더 깊게 커피 향을 빨아들입니다
이런 분위기에 당신이 있어서 너무 좋습니다

그러다가 문득 따뜻한 커피 잔을 잡아 봅니다
우리 혹시 낙엽처럼 흩어질까봐 그랬나 봐요

당신의 눈동자 속에 나를 확인하며 안심합니다
매년 가을마다 사색들이 너무 많았어요

쓸데없는 생각들로 외롭게 만들었지요
덥지도 춥지도 않는 가을
치우치지 않는 중용의 계절 가을인데

당신과 가을 커피
그 속에 제대로 푹 빠져 볼까 합니다

행복이란 생각이 아니라 실재에 있는 것이니까요

가을 커피는 더 진한 맛이 납니다
가을의 당신은 더 깊은 멋이 납니다

사랑해요 함께해요
당신과 가을 커피

블로그 바로가기

유튜브 바로가기

추억 속의 DJ 다방커피

한 계단 한 계단
계단을 오르는데 벌써 반갑게 맞아주는 커피 향

안쪽으로부터 흘러나오는 음악소리에
벌써 가슴이 설렌다

남자 셋 여자 셋 미팅하나 보다
고개를 떨구고 혼자 앉아있는 저 사람
어쩌나 바람맞았나 보다

조그만 종이에 신청곡 쓰고 있는 저 사람
커피 한 잔으로 오후 내내 음악을 듣는다

눈치 보지 않는 배짱이 부럽다
미소 지으며 속삭이는 남녀 커플들
보기만 해도 행복하다

남자 DJ는 왜 저렇게 목소리를 깔고
긴 머리에 도끼 빗으로 멋을 내는가

다방커피를 한 모금 마신다

좋아 그래 추억을 마신다

지금까지 열심히 살아온 나를 되돌아보며
또 한 모금 마신다

달달한 맛 쓴맛
마치 인생의 맛이 이러하지 않을까

오랜 세월을 함께 해온 친구
추억을 함께 해온 친구
외로울 때 꼭 함께하고 싶은 친구

그리운 DJ 다방커피

블로그 바로가기

유튜브 바로가기

당신과의 만남은 마치 커피처럼

당신과의 만남은 마치 커피처럼 먼저 향기로 만났습니다
그러고는 서로 눈으로 마시며
깊은 맛으로 하나가 되었습니다

잔을 살짝 내려놓을 때 가벼운 무게감
그리고 그대와 나의 커피잔이
다정히 마주하고 있는 모습을 수줍게 바라보며

우리 두 사람의 소중한 만남
정겹게 살아있는 우리의 존재를 느낍니다

당신과의 만남은 커피처럼
당신과의 만남은 마치 커피처럼

그래서 오늘 나 혼자 커피를 마시며
당신을 생각합니다
지금 이 순간 당신이 느껴집니다

블로그 바로가기

우리는 모든 게 충만했지만
딱 하나가 부족했던 것 같아요
그건 바로 용기
차마 말하지 못했던 말 이제 할게요

당신을 사랑합니다

유튜브 바로가기

커피와 당신

당신은 커피처럼
은근히 끌어당기는 매력이 있습니다

당신은 커피처럼
처음엔 눈으로 다음엔 온몸으로
또 그다음엔 온 마음으로 느껴집니다

당신은 커피처럼
분위기 좋은 음악 속에서 함께할 때가 더 좋습니다

당신은 커피처럼
시도 때도 없이 문득 생각나고 그리워집니다
우린 마치 하나가 된 것 같습니다

당신은 오늘도 커피처럼
나의 마음을 편안함과 사랑으로
깨어있게 합니다

블로그 바로가기

지금 이 순간 커피를 마시며
당신을 기다리고 있습니다

커피 한 모금 그리움 한 모금
당신의 멋진 미소가 떠오르면서
제 얼굴이 분홍빛 봄꽃이 됩니다

유튜브 바로가기

커피 속에 빠져버린 사랑

우리는 커피에 퐁당 빠져버렸어요
커피잔 위로 그윽하게 피어오르는
향내 가득 안개는 둘만의 비밀이지요

한 잔의 커피와 둘만의 속삭임
하나 된 마음과 두 사람의 설레임

우리가 둘인지 하나인지 모르겠어요

따뜻한 커피잔을 둥글게 감싼 나의 손등 위에
그의 따뜻한 손이 또다시 둥글게 감싸주네요

나의 심장은 두근두근 박자를 세면서
나의 손가락은 그이의 손안에서
피아노를 수줍게 치고 있어요

나는 눈을 살며시 감고 그대를 바라봅니다
나의 입술에 짜릿한 환희가 전해옵니다

커피에 입술을 적시는 그 느낌과
그의 입술에 적셔지는 그 느낌이 다르지 않아요

잔잔한 사랑의 미세한 떨림이 느껴집니다
그대와 나 그리고 커피

마치 천상의 하프처럼 하나로 공명합니다
우리는 커피 속에 퐁당 빠져버렸지요

커피 속에 우리는 하나가 되었어요
사랑으로 녹아버려 오직 하나가 되었어요

블로그 바로가기

유튜브 바로가기

커피를 마시며 사랑을 그리며

가슴으로 스며드는 은은한 커피 향기

이런저런 생각들이 모두 사라져버리고
오직 편안함이 느껴집니다

커피는 입안을 적시고
심장을 적시며 온몸을 적시며
보고 싶은 사람을 간절하게 떠오르게 합니다

난 지금 당신을 생각하며
커피와 사랑에 빠져버렸습니다

뜨거운 사랑에 깊이 빠져버렸습니다
생각만 해도 기분이 좋습니다

사람들은 커피를 커피로 마시지만
나는 커피를 그대 생각으로 마십니다

입으로 마시고 마음을 열게 하는 커피
그래서 커피는 사랑입니다

커피잔 위로 모락모락 피어나는
우리의 추억이 떠올라 살며시 미소가 지어집니다

오늘의 커피는 뜨겁습니다
그리고 더 달콤합니다

온몸으로 느껴집니다 당신이 느껴집니다
당신이 커피이고 커피가 바로 당신입니다

당신은 지금 나와 함께 있습니다
나와 커피와 당신

지금 이 순간 모든 게 하나입니다
가슴으로 고백합니다

오직 사랑뿐
사랑해요 사랑해요
당신을 정말 사랑해요

블로그 바로가기

유튜브 바로가기

사랑과 커피의 기적

달달한 커피는 나의 입으로 들어와
나의 몸과 하나가 된다

나의 몸은 신비한 지혜의 선물
입은 가끔씩 열지만 귀는 항상 열려있다는 것

사랑한다는 달콤한 당신의 말씀은 신성한 종소리
언제나 열린 귀로 들어와 내 심장을 뛰게 한다

당신의 사랑은 나의 가슴속에 단비를 내리고
나의 사랑은 당신의 가슴에 꽃을 피운다

단비와 꽃은 따로 있지 않으며
우리의 사랑은 언제나 하나뿐이다

그래서 우리의 사랑은 열린 이야기다
닫혀 있으면 두개로 떨어지지만
열리면 하나가 되는 아름다운 신비다

당신과 나의 사랑은 우리의 이야기며
우리의 활짝 열린 사랑은
둘이서 하나 되는 기적 같은 이야기다

사랑해요

블로그 바로가기

유튜브 바로가기

Chapter. 2

사랑으로 물든 순간

무지개 사랑

내가 이걸 하자면 그댄 저걸 하자네
내가 저리 가자면 그댄 이리 가자네

나도 일곱 무지개 그대 일곱 무지개
서로 다른 성격에 서로 같은 무지개

빨주노초파남보 우리 사랑 무지개
이리저리 헤매어도 우리 예쁜 무지개

둘이 하나 된단 말 그런 말씀 하지 마
진짜 살다보면 다투는 순간 택도 없는 말이지

나도 일곱 무지개 그대 일곱 무지개
당신 정말 사랑해 자기 진짜 사랑해

블로그 바로가기

빨주노초파남보 우리 사랑 무지개
이리저리 헤매어도 우리 예쁜 무지개

빨주노초파남보 우리 사랑 무지개
이리 보고 저리 봐도
우리 예쁜 무지개

유튜브 바로가기

우린 정말 하나에요

지금 당신의 향기가 느껴져요.
오직 나만을 위해 사랑 가득 함께 하지요.

따뜻함으로 달콤함으로 시원함으로
언제나 나만 바라봐 주는 당신

사랑한다는 고백을
내면 깊이까지 속삭여주는 그대여

사랑의 언어는
평생 질리지 않을 거예요

사랑하는 당신의 향기는
언제나 나와 함께 있어요

블로그 바로가기

지금 이 순간도
당신과 함께 있어요

느껴져요
우린 정말 하나에요
그렇죠? 사랑해요

유튜브 바로가기

파라다이스 사랑 자전거

당신과 나의 사랑 자전거가 달려갑니다
우리 둘의 애틋한 사랑은 멈추지 않아요

나는 앞에서 힘껏 달릴 테니
당신은 뒤에서 날 꼭 안아주세요

나와 그대는 한 몸으로 한마음이죠
예쁜 당신 항상 나를 포옹해 줘요

돌아요 돌아요 돌아요
달려요 달려요 달려요

오늘도 우리 함께 둥근 사랑 달려갑니다

파라다이스 오 파라다이스

길가의 코스모스 살랑이며 반겨주고
도로가의 나무들이 멋지게 경례해요

시원한 바람들은 우리의 수호천사
시냇물도 달들도 우리와 함께 달리죠

저 붉은 석양 그 끝까지
우리 사랑 자전거는 달려갑니다

가끔씩 넘어졌던 상처들이 좀 있지만
이젠 우리 다시 넘어지지 않아요

슬픔 아픔 따르릉 비켜나세요
둥글둥글 신나게 오늘도 달려갑니다

돌아요 돌아요 돌아요
달려요 달려요 달려요

오 파라다이스

블로그 바로가기

유튜브 바로가기

봄비와 커피 그리고 당신

당신의 움츠린 가슴은 무척이나 힘들었죠
그러나 당신은 포기하지 않았습니다

봄을 향한 희망으로 힘차게 살아왔지요
매섭고 차가운 칼바람에 휘청거릴 때도 많았지만

오직 사랑으로 봄의 온기를 기다리며
억척스럽게 헤쳐 나왔지요

봄은 당신을 버리지 않았고
사랑은 언제나 조금도 흔들리지 않았어요

블로그 바로가기   유튜브 바로가기

사랑하기 좋을 때

봄은 사랑의 정원으로 우리를 초대하지요
초대장도 알록달록 예쁘고 귀여워요

목련 개나리 민들레 라일락 수선화 튤립
꽃들의 이름을 불러보니까
입술에서도 봄이 짜릿하게 느껴집니다

거울 보면서 봄 하고 말하는 순간
입맞춤의 입술과 너무 닮아있어
깜짝 놀라 두리번거리다 살며시 웃음 짓지요

두근거리는 가슴을 손으로 누르며
정원을 둘러보는데
꽃들이 손을 흔들며 귓속말을 해요

블로그 바로가기

있잖아 지금이 사랑하기 제일 좋을 때잖아
봄이니까 그래 맞아 봄이야

얼어있던 땅을 뚫고 파릇이 돋아나는 새싹처럼
사랑이 희망의 봄을 향해
용기 있게 솟아납니다

유튜브 바로가기

당신이니까요

내가 당신을 사랑하는
이유가 뭔지 아세요?

내가 당신을 사랑하는
이유는 딱 하나에요
당신이니까요

당신이 어떤 옷을 입었든지
난 당신을 사랑해요
왜냐하면 당신이니까요

당신이 어떤 말을 하든지
난 당신을 사랑해요
왜냐하면 당신이니까요

당신이 어떤 일을 하든지
난 당신을 사랑해요
왜냐하면 당신이니까요

당신이 나를 사랑하는
이유는 묻지 않을래요
나는 단 한 번도 당신과
분리되어 있다는
생각을 해 본 적이 없거든요

커피의 맛과 향기가
둘로 나누어질 수 없듯이 말이죠
나에겐 사랑이 곧 당신입니다

당신을 사랑합니다

블로그 바로가기

유튜브 바로가기

나에게 짜릿한 사랑이 찾아왔을 때

사랑하는 사람이여
당신을 만나기 전에는 나는 살아있지 않았습니다
심장이 뛰어도 뛰는 게 아니었습니다

당신을 처음 보았을 때
한 번도 경험하지 못한 경이로운 설레임을
온몸으로 짜릿하게 느꼈습니다

그 순간 저는
기계적으로 반복되는 무료한 일상이라는
힘든 꿈으로부터 활짝 깨어났습니다

당신과 함께하는 순간
제 삶의 모든 것이 빛나게 달라졌습니다

사랑하는 당신은 마치 마술사 같아요
평소에 마시지 않던 자판기 커피도
화려한 황실의 품격 있는 커피 맛이 되고

늘 보았던 하늘도 나무도
이렇게 푸르를 수가 없습니다

매일 물을 주던 베란다 화분의 꽃들이
저를 향해 불러주는 사랑의 노랫소리가
이제 제 귀에 들려옵니다

요즘도 여전히 바쁘게 정신없이 살지만
당신이 있어서 뭘 하든 힘이 나고
기쁨이 충만합니다

사랑, 사랑은 우리 삶의 생명
사랑, 사랑은 우리 삶의 기적
사랑, 사랑은 우리 존재의 모든 것

사랑해요 사랑해요
당신을 사랑해요

블로그 바로가기

유튜브 바로가기

사랑에서 참사랑으로

사랑을 받고 싶었어요
고백도 받고 싶었어요
선물도 받고 싶었어요

그리고 슬펐어요 외로웠어요

그러던 어느 날 문득
깜깜한 마음에 환한 빛이 들어왔어요

참사랑의 빛과 함께 모든 게 달라졌어요
받는 사랑보다 주는 사랑이
훨씬 더 행복하다는 걸 온몸으로 느꼈어요

행복해요 당신과 함께라면
어떤 시간도 아깝지 않고 어떤 정성도 아깝지 않아요

맛있는 걸 먹을 때는 당신이 먼저 생각나요
좋은 걸 보아도 당신이 먼저 생각나요
혼자 커피를 마셔도 당신이 먼저 생각나요

이제야 확실히 깨달았어요
사랑의 기쁨은 받는 것이 아니라 주는 것이라는 걸
참사랑은 계산하는 게 아니라고 합니다
사랑은 계산할수록 시들어진대요

요즘은 돈도 아끼고 사랑도 아끼는 세상이죠?
서로 아낌없이 주는 사랑
상대의 기쁨이 곧 나의 기쁨이 되는 사랑

우리 모두 참사랑으로 살아요

블로그 바로가기

유튜브 바로가기

평범함 속의 특별한 사랑

가진 것에 마음이 끌려간다면
그만 멈추어야지요

아무리 비싼 금가루라도
눈에 들어가면 아프지요

눈부신 보석보다
그대의 눈이 더 아름다워요

화려한 이벤트로 사랑을 낚으려 하지 마세요
사랑이란 낚시가 아니라
두 가슴의 한 포옹이니까요

네온사인 클럽보다
커피 앞의 그대가 더 멋져요

드높은 푸른 하늘 시원한 산들바람
새하얀 뭉게구름 알록달록 예쁜 꽃들

두 사람의 행복한 웃음 소리
평범한 사랑이 참으로 순수하고 진실되지요

짜장면 먹기 노래 부르기
공원 산책하기 영화 보기

두 사람의 즐거운 웃음 소리
일상의 사랑은 가장 완전한 충만입니다

꿈꾸던 특별한 사랑은 멀리 있지 않았네요
언제나 바로 지금 평범함 속에 일상이었어요

블로그 바로가기

유튜브 바로가기

이 순간 나의 사랑

우리가 살아가면서 가장 행복한 순간은
서로가 서로를 가장 사랑할 때입니다

수 없이 많은 치료약이 있지만
사랑의 치료약은 없습니다
사랑이야말로 모든 것의 치료약이기 때문입니다

사랑의 최고 상대자는 나와 잘 맞는 사람이 아니라
오직 그 사람이기 때문입니다
그러므로 사랑을 통해 갈등마저 함께 극복해 나갑니다

사랑은 우리 삶의 가장 큰 축복입니다
사랑의 우리 삶의 생명입니다

사랑을 하면 세상이 바뀌어 보입니다
그리고 사랑으로 인해
세상이 아름답게 바뀌어 질 것입니다

최고의 사랑이 무엇인지 묻지 말아야 합니다
사랑에는 최고가 없으며 사랑이 곧 최고입니다

사랑합니다 사랑합니다
사랑의 순간은 언제나 영원하다고 합니다
그리고 이 순간 나는 당신을 사랑합니다

내가 당신을 사랑하는 이유는 딱 하나에요
오직 당신이니까요

블로그 바로가기

유튜브 바로가기

태초의 사랑

사랑의 시작은 설레임이었다
나에게는 그 순간이 바로 태초였다

가슴속에 눈부신 빛이 가득하고
오직 그 사람밖에는
아무것도 없었다

사랑의 여정은 낮과 밤이었다
나에게는 어떤 분별도 없이
오직 하나였다

밝아도 좋고 어두워도 좋고
하루하루가 행복으로 가득했었지

사랑의 끝은 영원함이다
우리에게는 사랑의 끝이 없다는 것이다

더 높거니 더 낮거니 비교가 사라진다면
우린 모두 영원한 사랑 속에 있다

모두 당신 거예요

비가 오던 날 쓸쓸하던 날
나를 위해주는 소주도 없던 날

노래 들으니 모두 슬퍼라
나 혼자 인생 처량하도다

이젠 알았어 이젠 느꼈어
사랑 없이는 행복할 수 없어

다시 할 거야 난 하고 말 거야
나의 그대 다시 만날 수 있을까?

이젠 깨달았어 뒤돌아 보니
내 욕심 내 고집 맘대로 했었지

이젠 모든 걸 배려할게요
자기야 고마워 당신의 최고야

이제는 처음부터 잘 할게요
우리의 모든 것은 당신 거예요

당신께 감사해 자기야 사랑해

블로그 바로가기

유튜브 바로가기

제로슈거 사랑

나는 이렇게 생각했지
달콤한 말들은 진짜가 아니라고

초콜릿 사랑
그게 진짜일까 아니면 그냥 말뿐일까

그래 그게 아니야
너 가슴의 언어를 내가 읽을게

내가 정말 갖고 싶은 건
바로 그냥 그대로를 나에게 말해줘

제로슈거 러브 제로슈거 러브

나에게 너의 진심을 말해줘
너의 사랑이 나라는 걸 보여줘
나를 사랑한다면 그대로의 너를 보여줘

너는 언제나 달콤했지
무조건 나에게 달달한 말만 하지

너와 나 유혹이야 사랑이야?

그래 나도 가끔 느껴져
너 마음의 설렘을 내가 느끼지

내가 정말 기대하는 건
바로 너의 진짜 마음 그대로 함께해

제로슈거 러브 제로슈거 러브

나에게 너의 진심을 말해줘
너의 사랑이 나라는 걸 보여줘
나를 사랑한다면 그대로의 너를 보여줘

너의 사랑이 나라는 걸 보여줘
나를 사랑한다면 그대로의 너를 보여줘
나를 사랑한다면 그대로의 너를 보여줘

사랑은 이렇게 저렇게

해를 따라 이렇게 저렇게 당신을 만나고
달을 따라 이렇게 저렇게 사랑이 되었죠

솜털 구름 위에 예쁜 꽃잎 이렇게 저렇게
우리 사랑이 춤추고 있네요

언제나 사랑은 누구나 이렇게 저렇게 주인공

살아있는 사랑은 이렇게 저렇게 움직이는 거죠
이렇게 저렇게 사랑의 춤을 함께 추어봐요

기쁜 사랑 신난다
사랑 이렇게 저렇게 헤이

샛길 따라 이렇게 저렇게 당신과 걸으며
마음 따라 이렇게 저렇게 하나가 되었죠

음악이 시작되면 예쁜 사랑 이렇게 저렇게
우리 자기와 손잡고 할래요

언제나 사랑은 누구나 이렇게 저렇게 주인공

살아있는 사랑은 이렇게 저렇게 움직이는 거죠
이렇게 저렇게 사랑의 춤을 함께 추어 봐요

기쁜 사랑 신난다
사랑 이렇게 저렇게 헤이
사랑 이렇게 저렇게 헤이

블로그 바로가기

유튜브 바로가기

진짜 사랑

사랑이란 어쩌다 만나고 어쩌다 헤어지는
그런 사랑이 정말 사랑인 줄 알았어요

아 그런 나는 사랑을 몰랐어요

나는 사랑을 하지 못했어요
당신을 만나는 전에는 말이죠

당신을 만나고 당신을 사랑하면서
나는 이제 진짜 사랑이 뭔지 알았어요

사랑이란 진짜 사랑이란
영원히 함께 하는 것

헤어지는 사랑은 사랑이 아닌 거예요

사랑하고 헤어지고 또 사랑하고 헤어지는
그런 사랑이 정말 사랑인 줄 알았어요

아 그런 나는 사랑을 몰랐어요

이제는 알아요. 진짜 사랑이 무엇인지
이젠 당신을 만났기 때문이지요

당신을 만나고 당신을 사랑하면서
나는 이제 당신 없이는 살 수 없어요

사랑이란 진짜 사랑이란
당신과 늘 함께 하는 것

둘이 하나 된 진짜 사랑입니다

나와 그대 우리 사랑은
언제나 함께 할 것이에요

나와 당신 우리 사랑은
끝없이 함께 할 거예요

그대와 나의 사랑은 오직 하나
그대를 사랑합니다

당신과 나의 사랑은 오직 하나
당신을 사랑합니다

말할까 말까

가슴이 자꾸 하라네요
머리는 나중에 하라네요

말할까 말까 어떻게 하나
참말로 돌아버리겠네요

망설이다 망설이다 시간만 가고
할 수 없이 옆집 누나에게 물어봤어요

속으로만 사랑하는 어떤 여자 생겼는데
하루 종일 고백할까 아님 말까
너무너무 스트레스 받아 힘이 들어요

옆집 누나 나를 보며 웃고 있네요

내가 너의 눈빛만 봐도 금방 알겠다
말할 것도 없어 나도 널 사랑해

사랑은 정말 신비해요
어떻게 내 마음을 알았을까?

놀랍습니다 존경합니다
누님을 정말 사랑합니다

사랑은 정말 신비해요
어떻게 내 마음을 알았을까?

놀랍습니다 존경합니다
누님을 정말 사랑합니다

누님을 진심으로 사랑합니다

남자의 사랑이란

평범한 얼굴에 몸매도 그렇지만
그녀를 사랑하지 않을 수 없어요

미소를 지으며 당신은 상남자
누구나 좋아할 매력 가득 남자

진심으로 나를 빛내어 줍니다
나에겐 그녀가 있어 힘이 납니다

남자라면 예쁜 사람 좋아한단 말
반은 맞고 반은 틀린 말들이지요

진짜 남자는 인정을 받아야 해요
그게 남자의 가장 큰 사랑입니다

그녀와 있으면 기분이 밝아지고
용기가 으쌰 으쌰 않을 수가 없어요

나보고 웃으며 당신이 최고야
이 사람 여자는 얼마나 좋을까

진정으로 나를 칭찬해 줍니다
나에겐 그녀가 있어 행복합니다

남자라면 예쁜 사람 좋아한단 말
반은 맞고 반은 틀린 말들이지요

진짜 남자는 인정을 받아야 해요
그게 남자의 가장 큰 사랑입니다

블로그 바로가기

유튜브 바로가기

무지무지 사랑해

그리워 보고 싶어
지금 당장 달려가고 싶어

자기도 같은 마음 정말이지
당신이 있어야만 내 마음이 편안해져

서로 옆에 있는 것 그게 사랑이지
멀리에서 목소리만 그건 아니지

행여 헤어질 거라 걱정은 안 되지만
자꾸자꾸 나중에 나중에 그러지 마

사랑해 나의 반쪽
지금 당신 무얼 하고 있어

난 지금 당신 생각 그뿐이지
내 곁에 있어줘 앞으로 더 잘할게

서로 옆에 있는 것 그게 사랑이지
멀리에서 목소리만 그건 아니지

행여 헤어질 거라 걱정은 안 되지만
자꾸자꾸 나중에 나중에 그러지 마

그리워 보고 싶어 사랑해 나의 반쪽
당신 곁에 있어줄게 언제나 어디에서나

언제나 어디에서나 무지무지 사랑해

블로그 바로가기

유튜브 바로가기

쏙 들어온 당신

오직 당신 나하고만 함께 있어요
평생 나만을 사랑해 줘요

당신이 없다면 나는 이 세상 아무것도 아냐
자기가 있어야 사는 게 진짜 사는 거지

나는 그대의 것이고 그대는 나의 것이야
사랑하는 당신 우리 서로 영원히 함께해요

오늘도 생각해요
보고도 또 보고싶은 내 사람

하루도 못 보면 안 되는 당신
내 눈에 쏙 들어와 내 마음에 박혀버린 당신

오직 당신 나하고만 함께 있어요
오늘도 나만을 사랑해 줘요

당신이 있어서 나는 이 세상 너무 행복해
나보다 좋은 당신 내가 당신 행복하게 할 거야

나는 무조건 당신 당신은 무조건 나의 것이지
이러해도 저러해도 당신은 내 거야

오늘도 사랑해요
보고도 또 보고 싶은 내 사람

하루도 못 보면 안 되는 당신
내 눈에 쏙 들어와 내 마음에 박혀버린 당신

주머니에 쏙 넣고 다니고 싶은 내 사랑
만지고 싶을 때 만지고 보고 싶을 때 꺼내볼 수 있게

이리 보아도 저리 보아도
나에겐 최고로 멋진 당신

당신은 내 거야
내 마음속에 내 주머니 안에
평생 가지고 있을 거야
당신은 영원히 내꺼야

첫사랑

첫사랑 나의 눈은
내가 당신을 보고 있다는 것이 아니라
오직 눈부신 당신의 모습만 있었다

첫사랑 나의 귀는
당신이 무슨 말을 하고 있다는 것이 아니라
오직 당신의 아름다운 울림만 있었다

첫사랑 나의 입술은
당신에게 할 말을 수줍게 잊어버리고
오직 커피를 마시고 또 마신다

첫사랑 나의 가슴은
당신에 대한 어떤 생각보다도 앞서 진동하며
오직 사랑 그렇다 오직 사랑이다

설렘 가득한 나에게
사람들은 이렇게 말해주었지
첫사랑은 결코 이루어지지 않는 것이라고

결과는 어떻게 되었을까?
따따부따 말이 씨가 되어버렸지
결국 헤어지고 말았다

세월은 이렇게 흘러가고
나이도 점점 들어가고
사랑의 불꽃은 꺼진지 오래되었네

그러나 이제야 알겠다
내 가슴속에 뜨거운 사랑의 불꽃이
아직도 남아있음을

그래 맞아
나의 옛사랑은 익지 않은 풋사랑이었고
첫사랑은 언제나 지금 찾아온다네

지금 나는 마치 건배하듯이
커피를 들면서 마음속으로 크게 외쳐본다

나의 지금 첫사랑을 위하여

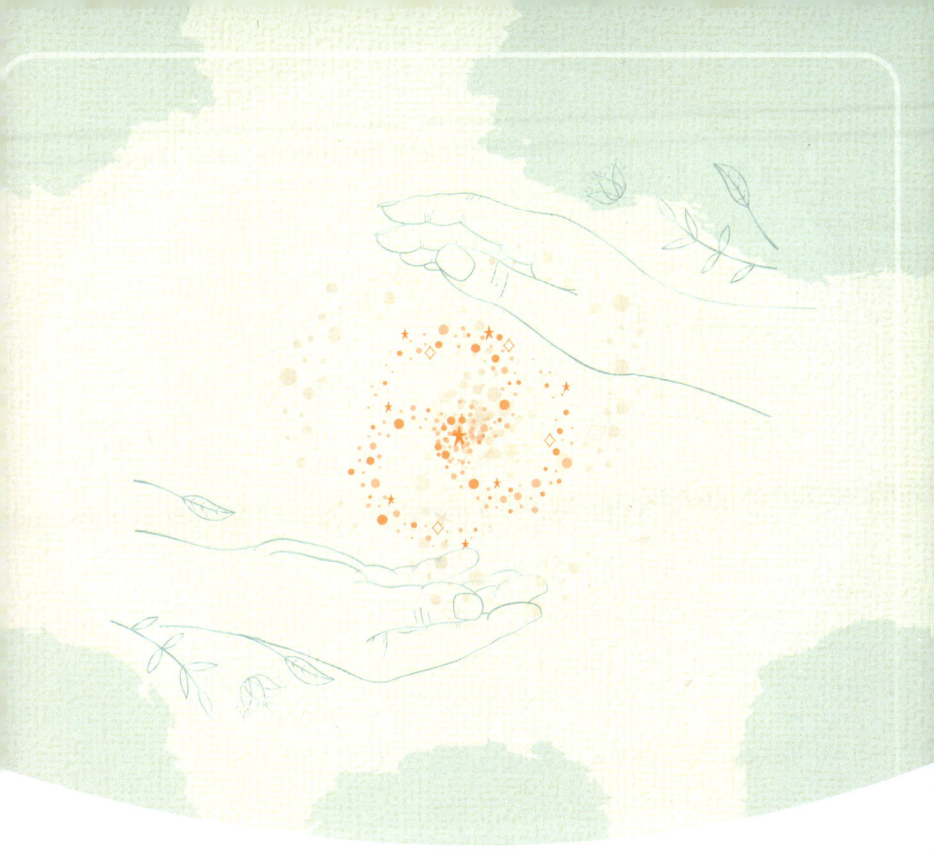

Chapter. 3

마음이 쉬어 가는 순간

백세시대 후반전

백세시대 후반전
60대는 학생 80대는 청춘
놀라운 인생 후반전 아자 아자 파이팅

새파란 하늘에 하얀 구름이 흘러가요
이렇게 편안한 하루 행복이 느껴져요
바람이 놀러와 들판 친구들 춤을 추고
깨끗한 허공이 나의 마음이 되었네요

바쁘고 바빴던 그동안의 모든 일들
다시 돌이켜 보니 신기루와 같아요
왜 그리 악착같이 힘들게 살았을까
그때로 돌아가도 어쩔 순 없겠지요

백세시대라니 다시 일어나 걸어야죠
쉬고 싶어도 다시 걸어야만 하지요
그래요 이제 후반전이 시작된 거죠
운동화 끈 동여매고 신나게 달립시다

60대는 학생 80대는 청춘
놀라운 인생 후반전 아자 아자 파이팅

블로그 바로가기

유튜브 바로가기

행복한 삶

팍팍한 삶이지만
커피 한 잔 비스켓 한 조각으로
더할 것 없이 기쁘다

별 것 없는 삶이지만
마음에 불만이 없으니
아무 일 없이 평화롭다

울퉁불퉁 삶이지만
있는 그대로 받아들이니 삶이 아름답다.

반복되는 삶이지만
마음에 사랑이 가득하니 매일 새롭고 즐겁다

블로그 바로가기

언젠가 사라질 삶이지만
한 걸음 한 걸음 추억은 아름답고
우리의 사랑은 끝없이 영원하다

행복한 삶이다
그래서 우리의 노래는
하하호호 언제나 즐겁다

유튜브 바로가기

머리에서 가슴으로

가슴으로 살자 그것이 참 삶이다
가슴으로 만나자 그것이 참 인연이다

가슴으로 말하자 그것이 참 말이다
가슴으로 듣자 그것이 참 소통이다

가슴으로 응원하자 그것이 참 배려이다
가슴으로 기도하자 그것이 참 믿음이다

아 가슴이여 바로 이 가슴속에
우리가 간절히 고대하던

빛나는 모든 것들이
온 가득 충만해 있네

블로그 바로가기

유튜브 바로가기

참지말고 울어요

울고 싶을 때는 실컷 정말 실컷 울어봐요
참지 말아요
참을 필요가 뭐가 있나요

참지 말아요 눈물을 참지 말아요
이런 일 저런 일 참고 또 참으며 이제껏 견뎌왔잖아요

그런데 왜 눈물까지 참아야 하나요
울고 싶을 때는 실컷 정말 실컷 울어요
마음껏 울어요

마음이 깜깜히
어두운 먹구름으로 가득하다면
힘찬 소나기처럼
주룩주룩 쏴아 쏟아내야죠

블로그 바로가기

유튜브 바로가기

지혜의 말씀

밝게 살자
마음이 밝아서 밝게 행동하는 게 아니라
밝게 행동함으로써 마음이 밝아진다

웃으며 살자
복이 많아 웃게 되는 게 아니라
웃으니까 복이 온다

좋은 사람들과 살자
좋은 사람을 만나려면
애쓰며 찾는 게 아니라
내가 좋은 사람이 되려고 하면
좋은 사람들이 모인다

하루 세 끼만 먹지 말고 네 번 먹자
그중 한번은 입이 아니라 마음의 양식이다
위대한 사람들은 모두 책을 좋아했다

완벽이 아니라 좀 부족해도 괜찮다
완벽주의는 힘들고 고달프다
100점 말고 80점으로 살자

마음의 자유와 경제적 자유를
항상 긍정적인 마음을 가지며
돈을 쫓아가지 말고
돈이 나를 향해 오도록 해라

타인을 바꾸려고 하지 말고 있는 그대로 받아들이자
상대방이 나를 알아주기를 바라지 말고
상대방이 내 마음대로 되지 않아도
속상해하지 말자

도와주는 사람이 되자
인생의 참 가치는
자기가 얼마나 가졌는지가 아니라
타인에게 얼마나 도움이 되었나를 보아야 한다

블로그 바로가기

유튜브 바로가기

아버지의 말씀

인생은 항해와 같다고 하지
먼저 나침반을 잘 보아야 한단다

다른 사람의 조언들도 들어볼 필요가 있지만
너의 깊은 내면에서 자연스럽게 향하고 있는
그 나침반을 따라서 살아야 한단다

그래야 매일 진실한 하루가 될 것이고
그래야 진실한 인생이 될 것이며
그래야 진짜 행복을 만끽하게 될 거다

너의 마음속에서 설렘으로 솟아 나오는 소리에
귀를 기울여야 한단다

내면의 외침은 유명 강사들의 사탕 발린 외침보다
더 지혜롭고 진실한 것이다

누구를 닮으려고 하지 말아라
아빠도 마찬가지다

너는 너답게 살아야 한다
그래야만 너의 인생은 너의 것이 된단다
다른 사람들에게 배려하는 따뜻한 마음을 가지되
다른 사람들의 눈치를 따라가서는 안 된다

너의 인생의 주인은 바로 너 자신이다

힘들고 어려운 게 인생이지만
언제나 너의 깊은 내면은
항상 자유롭고 행복하며
너만의 인생을 살기 바란다

아빠가 있을 천국에는 가급적 천천히 오도록 하여라
사랑하는 나의 딸 언제 어디서나 응원할게

블로그 바로가기

유튜브 바로가기

누구나 힘들 때가 있지요

왜 나만 이렇게 어려운 거예요
아니에요 사람이라면 누구나 이럴 때가 있지요

왜 나만 이렇게 슬픈 거지요
아니에요 사람이라면 누구나 이럴 때가 있지요

왜 나만 재수가 없는 거예요
아니에요 사람이라면 누구나 이럴 때가 있지요

왜 나만 우울한 거지요
아니에요 사람이라면 누구나 이럴 때가 있지요

왜 나만 잘 풀리지 않는 거예요
아니에요 사람이라면 누구나 이럴 때가 있지요

그럼 나는 어떻게 해야 하는 거지요
일단 멈추어요

스톱(Stop)

그리고 지금 이 순간은 아무런 생각도 하지 말고

아주 편안한 자리에 가만히 앉아서

가장 좋아하는 따뜻한 커피를 마시는 거예요

그러면서 마음속으로 이렇게 속삭여봅니다

주님 사랑합니다 부처님 감사합니다
주님 감사합니다 부처님 감사합니다
여러분 사랑합니다 여러분 감사합니다

블로그 바로가기

유튜브 바로가기

눈물 속의 고마움

그대여 울지 말아요 그동안 최선을 다하셨어요
이렇게 어려울 때가 언제나 늘 있어왔지요

언제나 밝은 미소로 우리를 정답게 맞아주시고
따뜻한 정성으로 우리에게 행복을 주셨어요

힘내요 사장님 고맙습니다
사장님 덕분에 좋았습니다

앞으로 또다시 뵙고 싶어요
사장님 응원합니다

그대여 힘을 내어요 앞으로 좋은 일 또 있겠지요
세상은 좋은 분들을 언제나 늘 응원하지요

언제나 건강하시고 빛나는 행운이 가득하시고
따뜻한 인연으로 우리 모두 반갑게 또 뵈어요

힘내요 사장님
고맙습니다

사장님 덕분에 좋았습니다
앞으로 또다시 뵙고 싶어요

사장님 응원합니다
앞으로 또다시 뵙고 싶어요

사장님 파이팅 응원합니다

블로그 바로가기

유튜브 바로가기

그리운 나의 아버지

그리운 아버지 보고 싶은 아버지

하늘나라에서도
우리 커피와 사랑 보고 계시죠?

영상을 만들 때면 아버지 생각이 더 납니다

아버지께서 가훈으로 선물해 주시고
삶으로 보여주신 네 가지 단어
신용 정직 성실 약속
제 가슴에 깊이깊이 새기며 실천할게요

봉사하며 살아오신 아버지의 삶
제가 이어갈 수 있도록 노력할게요

블로그 바로가기

커피와 사랑이
많은 분들에게 힐링 될 수 있도록
아버지 도와주세요

존경하는 아버지 고마운 아버지
사랑합니다 사랑합니다 사랑합니다

유튜브 바로가기

지금 이순간의 언어 감탄사

어제의 구름은 지금의 구름이 아니다
어제의 바람은 지금의 바람이 아니다
어제의 강물은 지금의 강물이 아니다
어제의 나도 지금의 내가 아니다

그렇다 정말 그렇다
과거의 눈으로는
지금 이 순간을
참되게 볼 수 없다

지금 이 순간은
지금 이 순간의
눈으로 보아야 한다

그러면 나도 모르게
저절로 솟아 나오는 감탄사

마주하는 모든 것들이
지금 이 순간 늘 경이롭다

천천히 좀 더 천천히

천천히 보았습니다
그랬더니 이제야 보여집니다

천천히 마셨습니다
그랬더니 이제야 느껴집니다

천천히 들어보았습니다
그랬더니 이제야 이해가 됩니다

그래 그래 천천히 좀 더 천천히

블로그 바로가기

이렇게 살아보니
이제야 진짜 삶을 사는 것 같습니다
우리 다 함께 천천히 노래 불러봐요

유튜브 바로가기

천천히 좀 더 천천히

좋은 사람 행복한 인생

좋은 사람 만나는 건 인생의 대박 행운
어떻게 하면 만날까 어디에서 만나질까
여행을 해야 할까 소개를 부탁할까

한참 동안 연구하니 이제야 알겠어요

그 비결은 내가 먼저 좋은 사람 되는 거래요
그러고 보니 맞네요 먼저 좋은 사람 될게요

행복 가득 인생들은 얼마나 좋을까요?
어떻게 해야 잘 될까 어디에서 일을 할까
돈 버는 공부 할까 기업에 취업할까

블로그 바로가기

한참 동안 명상하다 이제야 알겠어요

그 비결은 나의 마음밝게 사랑 가득 하래요
그러고 보니 맞아요 지금이 바로 행복입니다

유튜브 바로가기

사랑하는 여러분과 좋은 만남 갖고 싶어요
우리 모두 즐겁고 행복한 인생을 가꾸어요

먼저 웃어봐

먼저 웃어봐요 그러면 웃을 일이 생겨요
먼저 믿어봐요 그러면 믿는 대로 될 거니까요

이 세상 모든 것들은 마음의 그림이라네
너가 바라는 희망을 힘차게 그려보는 거야

걱정하지 마 어둠은 자기가 만드는 거니까
안된다고 말하지 마 말이 씨가 되니까

모두 잘될 거야 정말 잘될 거야
이렇게 신바람 가득 채우고 힘차게 해보는 거야

먼저 사랑을 주세요 그러면 사랑 받을 거예요
먼저 도와줘 봐 그러면 도움받을 거예요

이 세상 모든 것들은 사랑의 마음이라네
너가 만나는 이들과 사랑으로 행복 하는거야

욕심 내지 마세요
있는 그대로 감사해야 해요

도와주고 함께해봐요
이게 진짜 삶이지

모두 잘될 거야 정말 잘될 거야
이렇게 신바람 가득 채우고 힘차게 해보는 거야

블로그 바로가기

유튜브 바로가기

힘이 납니다

무얼 할까나? 걱정 마세요
하고 싶은 그걸 해봐요

하나뿐인 인생살이
하고 싶은 그걸 해봐요

할 수 있을까 염려 마세요
기도하면 굳게 믿어요

밝은 마음 힘찬 용기
진짜 정말 잘 될 겁니다

고맙습니다 모든 이웃들
응원하며 도와주셨죠

혼자 아닌 함께 우리
이젠 정말 힘이 납니다

사랑합니다 감사합니다
인정 가득 행복합니다

혼자 아닌 함께 우리
이젠 정말 힘이 납니다

무얼 할까 걱정 마세요
하고 싶은 그걸 해봐요

하나뿐인 인생살이
하고 싶은 그걸 해봐요

할 수 있을까 염려 마세요
기도하며 굳게 믿어요

진짜 정말 잘 될 겁니다
우리 모두 행복합시다

블로그 바로가기

유튜브 바로가기

혼술 그리고 우리

다들 말하지 요즘은 너무 힘들다고
그래 맞아 정말 그래 쉽지 않지 쉽지 않아

그렇지만 어쩌나
살아가고 또 살아가야 할 인생인데

혼자 사는 사람은 얼마나 힘들까
얼마나 힘들까

맞아 정말 따뜻한 위안이 필요해
누구든 위안이 되는 몇 가지가 있긴 있지

그런데 혼자는 그마저도 쉽지 않아

그럼 뭐야? 그렇지 바로 그거
혼술 그래 맞아 나쁘게만 생각하지 마

건강 안 좋다고?
모두들 살아가려고 하는 거야

누가 자신의 건강을 망치고 싶겠어?
남 이야기라 함부로 하지 말아야겠다

다들 행복하려고 이렇게
그래 이렇게라도 사는 거야

혼술 그래 좋아
어떤 사람이든 존중받아야 한다고 생각해

어떤 누군가 도와주는 사람 없이
오직 술밖에 없었다면 우리가 잘 못 살았던 것 같아

서로 도와가며 살아요

함께 행복하고 함께 즐거운
우리가 되었으면 좋겠어

블로그 바로가기

우리는 인간이잖아

사랑해요 이웃들 사랑해요 여러분
우리 함께 술 한잔하면서
좋은 시간 함께 해요

유튜브 바로가기

사랑해요 이웃들 사랑해요 여러분

이게 바뀌니까 온 세상이 바뀌네요

눈앞에 보이는 모든 것을 볼 수는 없지요

똑같은 풍경 속에서도
어떤 사람은 꽃을 보고 어떤 사람은 철조망을 보아요
왜 그럴까요

우리는 눈으로 바라본다고 생각하지만
진짜는 눈이 아니라 마음으로 바라보는 것 같아요

보여지는 것이 기쁨을 준다면
내 마음이 밝기 때문이고
보여지는 것이 괴로움을 준다면
내 마음이 힘들기 때문이죠

어제 혼자 마셨던 쓰디쓴 커피
오늘 사랑하는 그이와 함께 마시는데
왜 이렇게 달콤한 맛이 느껴질까요

똑같은 커피인데도 맛이 달라질 수 있음에
정말 정말 놀랐어요

이게 바뀌니까 온 세상이 바뀌어요
이건 바로 우리의 마음

모든 것이 마음에 비쳐진
그림자 아닐까 생각해 봅니다

행복하기 위해
아무리 세상을 내가 바꾸려고 애써보아도
행복은 잡히지 않잖아요

행복하려면 먼저 내 마음을 행복하게 물들여야 하죠
마음이 바뀌면 모든 것이 바뀌게 되지요

여러분 마음의 문을 활짝 열고 모든 걸
긍정적으로 함께 바라봐요

우리 모두 마음의 문을 활짝 열고
주위를 다시 한번 둘러볼까요

블로그 바로가기

늘 보아왔던 것들이 다르게 보이고
새롭게 느껴질 거예요

아 너무 좋다
아 모든것이 너무너무 아름답다
아 너무 행복하다

유튜브 바로가기

빛나는 오늘

왠지 오늘 기분이 좋아요
나도 모르게 행복하네요

아무런 것 선혀 하나도 없었는데
그냥 신나는 오늘 빛나는 오늘이에요

이젠 우리 인생 알 것 같아요
하루하루 모두 기쁨이에요

좋은 일이 있어서 기쁜 것도 아니고
좋은 일이 없어서 나쁜 것도 아니죠

나는 정말 모르겠어요
기쁜 내 마음 알 수 없네요

어떤 것도 전혀 좋은 일 없었는데
그냥 그대로 오늘 빛나는 오늘이에요

이젠 우리 인생 알 것 같아요
하루하루 모두 기쁨이에요

좋은 일이 있어서 기쁜 것도 아니고
좋은 일이 없어서 나쁜 것도 아니죠

모든 게 마음에 달렸네요
우리에겐 언제나 행복뿐

블로그 바로가기

유튜브 바로가기

거울 속의 나의 마음

부스스 일어나서 거울을 보았어요
네모난 거울 속에 나의 얼굴 보였어요

서져버린 나의 얼굴
나도 몰래 깜짝 놀라
내 마음도 처지네요

살아가는 모든 것들 오직하나 마음이죠
못생겼다 잘생겼다 모든 것이 마음이죠

나쁜 마음 나빠지고 좋은 마음 좋아지고
마음이 예뻐지면 얼굴도 예뻐지죠

당신과 전화하며 거울을 보았어요
사각형 거울 속에 나의 얼굴 보였어요

활짝 웃는 나의 얼굴
나도 몰래 깜짝 놀라
내 마음도 빛나네요

살아가는 모든 것들 오직하나 마음이죠
못생겼다 잘생겼다 모든 것이 마음이죠

나쁜 마음 나빠지고 좋은 마음 좋아지고
마음이 예뻐지면 얼굴도 예뻐지죠

우리 모두 좋은 마음 서로 함께 사랑해요
이제는 어떤 일도 웃으며 살아가요

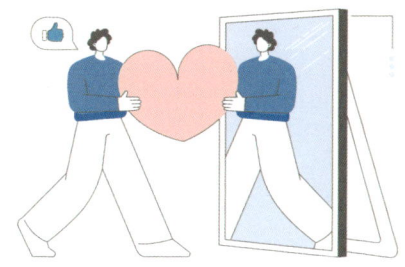

블로그 바로가기

유튜브 바로가기

마음의 힘 모티베이션

성공을 이루려면 움직여 행동해야지
맞아 맞아 해야지 해야지

알고 있어도 애를 써 봐노
아이쿠 아이쿠
이번에도 작심삼일

나는 왜 이러는 거야?
나는 왜 의지가 약해?

그건 바로 마음
나의 마음 힘이 없어 그런 거라네

자동차도 엔진 힘이 움직이는 것
행동을 일으키는 마음의 힘
그의 이름 바로 모티베이션

변화하고 싶다면 마음이 굳건해야지
그럼 그럼 할 거야 할 거야

하고 싶어도 힘을 써 봐도
아이고 아이고
또 이렇게 작심삼일

나는 왜 이러는 거야?
나는 왜 의지가 약해?

그건 바로 마음
나의 마음 힘이 없어 그런 거라네

비행기도 엔진 힘이 움직이는 것
성공을 일으키는 마음의 힘
나의 보약 바로 모티베이션

블로그 바로가기

유튜브 바로가기

하면 됩니다

하루하루 산다는 게 쉽지만은 않겠지요
그렇지만 우리에겐 밝은 희망 있잖아요

하면 된다 하면 된다
외치면서 웃으면서 함께 가요

우리 모두 손 잡고 성공 꽃길 함께 가요

우리가 매일 하는 수많은 말들은
씨앗이 되고 기적의 열매를 맺게 한답니다

성공한 인생을 바란다면 좋은 생각을 많이 합시다
지금의 생각들이 앞날의 인생이니까

매일매일 숙제처럼 우리 인생 어렵지요
그렇지만 우리에겐 멋진 친구 있잖아요

하면 된다 하면 된다
외치면서 힘차게 함께 가요

우리 모두 손잡고 행복 꽃길 함께 가요

우리가 매일 하는 수많은 말들은
씨앗이 되고 기적의 열매를 맺게 한답니다

성공한 인생을 바란다면
좋은 생각과 좋은 말을 합시다
지금의 생각과 말들이 앞날의 인생이니까

사랑해요 감사해요
우리 모두 성공하고 행복해요

블로그 바로가기

유튜브 바로가기

한 걸음씩 한 걸음씩

가장 높은 산 에베레스트
그 정상에 어떻게 올랐나요

간단하지요 한 걸음씩 한 걸음씩 올라갔었죠
우리도 한 걸음씩 한 걸음씩 나아갑시다

그동안 쌓였던 스트레스나
안 좋았던 기억들은 말끔히 비워버리고

새로운 희망과 열정을 가득 채우며
행복한 우리가 되었으면 좋겠습니다

진리는 따로 있는 것이 아니라
있는 그대로가 진리라고 합니다

그러나 우리들은 있는 그대로를 놓치고
자기 방식과 자기 생각으로만 살아가지요

이제부터 새로운 우리가 되어요
참된 평안과 행복이 우리가 되었으면 좋겠어요
진실하고 사랑하고 용서하고 도와줍시다

모든 생명이 존중받고
행복한 지구를 함께 가꾸어요

그래요 좋아요
우리 함께 한 걸음씩 한 걸음씩 나아갑시다

사랑합니다 사랑합니다

블로그 바로가기

유튜브 바로가기

눈물 펑펑 깨달았어요

살다 보면 어떤 이는 로또 일등 당선되고
어떤 이는 무얼 하든 이것저것 다 되네요

나에게는 좋은 날이 어찌 안 올까
씁쓸한 나의 마음 이젠 너무 힘들어

아주 작은 행운이라도 내게 왔으면

어느 날 꿈속에서 산신령님 오셨네
금도끼보다 더 좋은 큰 말씀 주셨네

행운이 안 온다고
너무 불행하다 슬퍼 마라
불운이 오지 않아 다행이다 감사해라

살다 보면 어떤 이는 어마 무시 돈을 벌고
어떤 이는 부자 부모 잘 만나서 돈 많네요

나에게는 좋은 날이 어찌 안 올까
씁쓸한 나의 마음 오직 돈이 소중해
요즘 세상 행복하려면 돈이 전부죠

어느 날 꿈속에서 행복 요정 오셨네
돈 봉투보다 더 소중한 말씀 주셨네

돈이란 필요하나 돈이 전부라면 불행이죠
돈 보다 소중한 것 백 가지만 찾아봐요

이제야 알았어요
감사 눈물 펑펑 쏟고 이제야 알았어요

나에겐 소중한 것 너무너무 많이 있고
지금 나는 이대로 정말 이렇게 행복하다는 것을

지금보다 더 어려운 이웃 생각하며
이대로가 정말 행복하다는 것을

블로그 바로가기

유튜브 바로가기

볕들 날

깜깜한 밤 보이지 않는 답답함
어둠 속에서 검은 연기 모든 게 깜깜하다

나의 색종이는 검은 색종이
나의 색종이는 구겨진 색종이
나의 색종이는 찢어진 색종이

나의 눈물로 적셔져 오늘도 흐늘거린다
무엇인가 해야 할 무거운 압박 속에서
내가 할 수 있는 게 뭐란 말인가

굽이굽이 쉼 없는 종종 걸음걸음이
절벽 앞에 멈추어진 어린 꽃사슴
잠 속에서도 깜깜히 부들부들 떨림 속에
갑자기 뇌리를 스치는 밝은 빛줄기

깜깜한 잠 속에서 밝은 꿈 하나가
꿈틀꿈틀 새싹처럼 마치 조명등처럼 밝게 솟는다

눈부신 빛이여
밝은 아침이 왔구나
어둠은 어디로 가고 밝은 빛만 있는가

그렇다 그렇다
천만 년의 어둠도 마음의 빛 하나로 사라지나니

볕들 날은 내 마음 안에 있었네
우리 모두 일어나 걸어가자 뛰어가자

볕들 날이 왔다 희망의 날이 왔다
오색 날개를 활짝 펴고
창공을 자유롭게 날아보자

블로그 바로가기

유튜브 바로가기

세월이 간다는 것은

세월이 간다는 것은
아무것도 모르던 우리 어린 처음 그때
세월아 세월아 빨리 가라고 노래했었지

세월이 간다는 것은
아무것도 생각나지 않게 무척 바쁜 그때
세월을 생각할 틈도 없었지
앞만 보며 일만 했었지

세월이 간다는 것은
아무것 모르게 훌쩍 흘러간 세월을 깜짝 느낄 때
세월의 남은 시간들이 이제야 금보다 빛나게 보이지

나이를 먹는 것은 어쩔 수 없는 일이지만
세월을 헛되이 보내는 것은
어쩔 수 없는 일이 아니다라는
무라카미 하루키의 글

그래 맞다 정신 차리자
세월의 흐름을 다시 되돌리지는 못해도
지금부터 최고의 시간을 살아보자
더 인자하고 더 봉사하고
더 웃으면서 더 행복하자

블로그 바로가기

유튜브 바로가기

Epiloge

언젠가 이 순간을 기억하길

엄마가 사랑하는 딸에게 쓰는 편지 그리고 유산

사랑하는 나의 딸
나보다 더욱더 너를 사랑한단다

이 세상에 내가 나왔을 때는 나는 아무것도 몰랐어

네가 나의 품에서 탄생했을 때 너무나 행복했다
인생 최고의 사랑이 무엇인지 가슴으로 느꼈다
그게 바로 예쁜 나의 딸 너다

갑자기 눈물이 나네

사랑하는 나의 딸
언제나 건강하고 행복해라

너는 성격도 너무 좋고 항상 발전하는 네가 될 거야
하고 싶은 것 마음껏 해
여행도 즐겁게 했으면 좋겠어 즐거운 인생 되길 바래

내가 가장 최고로 뿌듯한 것
그건 바로 나의 딸 너다

엄마가 딸을 정말 사랑하고 있단다

엄마의 시로 노래를 만들어
노래방에서 식구가 엄마의 모습을 생각하며
좋은 시간을 가지면 참 좋겠다 생각했지

어려운 분에게 꿈과 희망이 될 수 있게 노래를 주어
어딜 가도 당당하고 대우받아 소망하는 일들이
이루어졌으면 좋겠구나

모두가 힘든 사연들이 있지만
특히 고화영 가수님은 죽을 고비를 넘기고
딸에게 간을 이식받아 새로운 삶을 살지만
노래 부를 때가 제일 행복하다고 해서 감동받았다

분당 할아버지가 주신 돈으로 잘 활용해서
좋은 일에 쓰도록 할게

노래는 엄마가 딸에게 물려주는 유산이다

사랑하는 나의 딸 언제나
편안하게 잘 살았으면 좋겠다

그러나 인생과 세상은 쉽지만은 않을 것이고
어려운 일들이 있을 것이다 그러나 두려워하지 마라
그것이 인생이다

낮과 밤 여름과 겨울 그 모든 게 우리의 인생이란다
그러니 모든 것에 감사해라

사랑하는 나의 딸
사람들에게 도움 되는 인생이 되어라

너는 마음씨가 맑고 아름답다
날 닮았나봐 호호호

어렵고 고통스런 분들께 할 수 있는 범위에서 최선을 다해라
사랑하고 도와드리고 감사하며 우리가 행복하는 세상을 향해

엄마로는 나는
이 세상에서나 저 세상에서나
널 지켜줄게 사랑해

블로그 바로가기

유튜브 바로가기

무명 가수를 후원하게 된 계기

아버지는 가난한 집에서 태어나 자수성가하신 분입니다. 어릴 때부터 봉사와 실천을 삶으로 보여주신 부모님의 모습을 보며 자랐고, '나도 아버지를 닮고 싶다'라는 마음을 품고 살아왔습니다. '살아 있는 동안 할 수 있는 가장 좋은 일은 무엇일까?' 고민하며 그 답으로 30년 전, 5명을 살릴 수 있는 장기기증과 어려운 이웃을 돕는 단체에 소액이나마 꾸준히 후원해 왔습니다. 죽어서도 생명을 살릴 수 있다는 점에서, 이는 제 인생에서 가장 잘한 일 중 하나라고 생각합니다.

딸에게 영상과 책, 그리고 노래를 유산으로 남기고자 했습니다. 그러던 중 우연히 댓글을 통해 최원일 작곡가님을 알게 되었고, 시를 그대로 노래로 만들 수는 없기에 시의 흐름을 다듬고 곡에 맞춰야 한다는 조언을 받았습니다. 결국 작곡가 선생님의 세심한 손길과 훌륭한 음악적 해석 덕분에 노래가 완성될 수 있었기에 이 자리를 빌려 가장 먼저 감사 인사를 드리고 싶습니다.

노래를 만든다는 일이 생각보다 큰 비용이 드는 일이라는 것도, 인기 있는 가수들에게는 돈을 준다고 해도, 쉽게 노래를 맡길 수 없다는 것도 이번에 알게 되었습니다. 그래서 자신의 노래 하나 없이 살아가는 무명 가수들에게 당당히 "이 노래는 내 노래입니다"라고 말할 수 있는 기반을 마련해 주고 싶었습니다. 단지 노래를 만드는 데서 끝나는 것이 아니라, 사람들이 관심을 갖고 들어주는 것도 중요하다는 걸 깨달아, 자연스럽게 홍보에도 신경을 쓰게 되었습니다.

특히 고화영 가수님을 처음 만났을 때, 간 이식을 통해 새 삶을 얻었지만 경제적 어려움 속에서도 꿋꿋하게 살아가는 모습에 깊은 감동과 아픔을 느꼈습니다. 개인적으로 목소리도 참 좋고, 누구보다 열심히 살아가는 그 모습에 응원하고 싶은 마음이 생겼습니다. 물론 다른 무명 가수들에게도 애정이 있지만, 고화영 가수님이 지금보다 더 빛나며 경제적 어려움에서 벗어나기를 바라는 마음이 유독 큽니다.

아버지께서 물려주신 유산으로 상가 임대업을 하고 있습니다. 앞으로도 이 유산을 의미 있게 활용하여 무명 가수들에게 힘이 되는 뜻깊은 일에 동참하고, 세상에 조금이라도 따뜻한 영향력을 전하는 데 보람을 느끼며 살아가고 싶습니다.

시와 노래 사이 - 감사의 마음

가수 **조현송**

제목 <잘될 겁니다>

"하면 된다"는 긍정의 힘을 믿고 오늘도 최선을 다하고 있습니다.
〈잘될 겁니다〉는 저에게 큰 용기와 희망을 안겨 주었습니다. 이제는 받은 응원과 사랑을 더 어려운 이웃에게 나누며 살아가겠습니다.
윤재경 선생님, 감사드립니다.

가수 **채정숙**

제목 <커피의 첫사랑>

"꿈은 이루어진다!"
진심을 다해 노래하며, 사랑과 희망을 전하고 싶습니다.
〈커피의 첫사랑〉이 세상에 나올 수 있도록 도와주신 윤재경 선생님께 진심으로 감사드립니다.

가수 **고화영**

제목 <샴페인 팡 터뜨리고>

간이식으로 제게 새 생명을 선물해 준 사랑하는 딸아이 덕분에 죽음의 문턱에서 다시 일어설 수 있었습니다.
그 후 윤재경 작사가님을 만나 〈샴페인 팡 터뜨리고〉라는 곡으로 새로운 출발을 알리게 되었습니다. 이제는 받은 사랑을 사회에 환원하며, 나눔과 봉사의 길을 걷고자 합니다.

가수 **문은주**

제목 <무지개 사랑>

맑고 고운 음색, 그리고 7080 감성의 통기타 선율로 듣는 이의 마음에 깊은 울림을 전해왔습니다.
오랜 음악 활동 끝에, 최근엔 싱글 앨범 〈무지개 사랑〉을 통해 행복한 에너지와 따뜻한 위로를 전하고 있습니다.
윤재경 작사가님께 진심으로 감사드리며, 사회복지사로 근무하며 어르신들과 흘러간 노래를 함께 부를 때, 그리고 무대에서 노래할 때 삶의 소중함과 행복을 깊이 느낍니다.

가수 **윤장미**

제목 <내 맘대로 살아볼래>

싱글 1집 타이틀곡 〈내 맘대로 살아볼래〉, 싱글 2집 타이틀곡 〈사랑꽃향기〉는 윤재경 작사가님과 최원일 작곡가님의 손길로 탄생했습니다. 두 분께 깊이 감사드립니다.
큰 은혜를 입은 만큼, 남은 인생은 나눔과 봉사로 보답하며 살아가겠습니다. 무대 위에서 노래하는 시간이 저에게 가장 큰 행복입니다.

가수 **김안셀모**

제목 <당신이니까>

배우와 연극인으로서 최선을 다하며 살아왔습니다. 어릴 적부터 안고 살아온 가수의 꿈을 이루게 도와주신 윤재경 선생님께 감사의 마음을 전합니다.
겸손한 마음을 키우며 열심히 노력하겠습니다.

지금 이 순간 , 사랑

윤재경 시집

초판 1쇄 발행 2025년 6월 13일

지은이	윤재경
발행인	이종구
펴낸 곳	(주)디지털콘텐츠그룹
주소	서울특별시 종로구 대학로12길 63 석마빌딩 3층
출판등록	2023년 8월 25일(제 2023-000094호)
홈페이지	디지털콘텐츠그룹 ㅣ www.digitalcontentgroup.com
	SNS소통연구소 ㅣ blog.naver.com/urisesang71
	디지털콘텐츠플랫폼 ㅣ www.dcgplatform.com
책 문의	02-747-3265 / 010-9967-6654
팩스	0504-249-6654
이메일	snsforyou@gmail.com
디자인	김인란·최혜선

ISBN 979-11-94642-15-2 (03810)

- 이 책은 저작권법에 따라 보호받는 저작물이므로 무단 복제를 금합니다.
- 잘못된 책은 구입하신 곳에서 바꾸어 드립니다.
- 책값은 뒤표지에 있습니다.